BEI GRIN MACHT SICH I
WISSEN BEZAHLT

- Wir veröffentlichen Ihre Hausarbeit,
  Bachelor- und Masterarbeit

- Ihr eigenes eBook und Buch -
  weltweit in allen wichtigen Shops

- Verdienen Sie an jedem Verkauf

Jetzt bei www.GRIN.com hochladen
und kostenlos publizieren

Monika Schraft

Die Entstehung von Lebensstilen

GRIN Verlag

Bibliografische Information der Deutschen Nationalbibliothek:

Die Deutsche Bibliothek verzeichnet diese Publikation in der Deutschen National-
bibliografie; detaillierte bibliografische Daten sind im Internet über http://dnb.d-
nb.de/ abrufbar.

Impressum:

Copyright © 2006 GRIN Verlag GmbH
Druck und Bindung: Books on Demand GmbH, Norderstedt Germany
ISBN: 978-3-638-66967-2

Dieses Buch bei GRIN:

http://www.grin.com/de/e-book/64049/die-entstehung-von-lebensstilen

Universität Hohenheim

Institut für Sozialwissenschaften

Fachgebiet Kommunikationswissenschaft und Journalistik

Lehrveranstaltung „Ausgewählte Themen der

Kommunikationswissenschaft – Psychografische

Zielgruppenmodelle"

Wintersemester 2005/2006

Die Entstehung von Lebensstilen

Monika Schraft

Kommunikationswissenschaft, 10. Fachsemester

Inhaltsverzeichnis

Abbildungsverzeichnis

1. Einleitung

Lange Zeit wurden Milieus und Lebensstile in der wissenschaftlichen Diskussion vernachlässigt, sie galten als von zentralen Sozialstrukturen abhängige Variablen. Erst in den achtziger Jahren wurden Lebensstile als wichtige Elemente der Sozialstruktur entdeckt, die das menschliche Verhalten entscheidend beeinflussen, zum Beispiel spielen sie eine erhebliche Rolle bei Konsum- oder Wahlentscheidungen oder dem Umgang mit den objektiven Lebensbedingungen. Somit sind sie also unabhängige Variablen. Mitunter nehmen Milieus und Lebensstile auch die Züge intervenierender Variablen an, beispielsweise tragen sie entscheidend zur Identitätsfindung innerhalb gegebener Bedingungen bei (Vgl. HRADIL 1992: 7).

Mittlerweile existiert eine erhebliche Zahl von Konsumententypologien und Lebensstilklassifikationen. Von ihnen wird erwartet, das Verhalten besser vorhersagen zu können als klassische demographische oder sozio-ökonomische Variablen (Vgl. HARTMANN 1999: 11). Vor allem im Marketing finden Lebensstile große Beachtung, da ihr Einfluss auf die Präferenzen für ein bestimmtes Spektrum an Produkten erkannt wurde (Vgl. NIESCHLAG / DICHTL / HÖRSCHGEN: 86).

Die vorliegende Arbeit will sich nicht mit der Frage beschäftigen, welche unterschiedlichen Konzepte und Studien im Bereich der Lebensstilforschung existieren – ihre Zahl wäre für diesen Rahmen zu groß, und ähnliche Anstrengungen wurden bereits unternommen. Hier soll der Frage nachgegangen werden, wie Lebensstile entstehen. Dabei müssen mehrere Teilfragen berücksichtigt werden: Wie bildet eine Person einen individuellen Lebensstil aus? Wieso unterscheiden sich die Lebensstile unterschiedlicher Personen? Und wieso sind, im genauen Gegenteil, oftmals auch sehr ähnliche Lebensstile bei unterschiedlichen Personen vorzufinden?

Zunächst sollen im zweiten Kapitel die Grundlagen der Lebensstilforschung vorgestellt, in einer raschen Zusammenfassung ihre Entwicklung beschrieben werden. Danach werden wesentliche Begriffe definiert und voneinander abgegrenzt und die beiden grundsätzlichen Positionen in der Herangehensweise an Lebensstile dargelegt.

Das dritte Kapitel beschäftigt sich mit der Frage nach der Entstehung von Lebensstilen auf der Mikro- und der Makroebene. Ziel ist, eine schlüssige Verbindung von der Ebene des individuellen Verhaltens zur Ebene der gesellschaftlichen Struktur aufzuzeigen. Für eine die Mikro- und Makroebene berücksichtigende Erklärung der Entstehung von Lebensstilen ist es unerlässlich, Ansätze aus verschiedenen Wissenschaften heranzuziehen, hier aus der Psychologie und der Soziologie, da für sich genommen keine ausreicht, das Phänomen der

Lebensstilbildung zu erklären. Ziel dieser Arbeit ist somit nicht, ein vollkommen neues und umfassendes Modell der Entstehung von Lebensstilen zu entwerfen, das sämtliche Erkenntnisse aus den beiden Disziplinen Psychologie und Soziologie einbezieht.

In einem Schlusswort sollen die wichtigsten Ergebnisse und Erkenntnisse noch einmal zusammengefasst werden.

2. Überblick über die Lebensstilforschung

2.1 Geschichte der Lebensstilforschung

Bereits im antiken Griechenland beschäftigten sich Philosophen mit Lebensstilen und dem empfohlenen Umgang mit Gütern, Genüssen und Begierden. Die zwei Hauptrichtungen sprachen sich hierzu in vollkommen gegensätzlicher Weise aus: Auf der einen Seite waren die Kyniker davon überzeugt, dass der Mensch nur Glück erlangen kann, indem er sich unabhängig macht von äußeren Gütern, da Äußerlichkeiten wieder verloren gehen können. Auf der anderen Seite vertraten die Hedonisten die Auffassung, dass die sinnliche Lust oder der Genuss das einzige Ziel allen Handels ist, wobei sie jedoch gleichzeitig kluge und besonnene Abwägung und langfristiges Handeln propagierten (Vgl. MEINHOLD 2001: 33f).

Während die antiken Ansätze eher normativer Natur waren, versucht die Lebensstilforschung des zwanzigsten Jahrhunderts die vorherrschende Sozialstruktur zu beschreiben. Ziel ist nicht mehr, eine Anleitung zum guten, richtigen Leben zu geben, sondern (Konsum-) Verhalten vorherzusagen und Märkte zu segmentieren, um Personen mit unterschiedlichem Kaufverhalten und Reaktionsbereitschaft auf Marketingmaßnahmen zu identifizieren (Vgl. HARTMANN 1999: 11, 49). „Unter Marktsegmentierung versteht man die Aufteilung eines Gesamtmarkt in hinsichtlich ihrer Marktreaktion intern weit gehend homogene und extern weitgehend heterogene Teilmärkte" (PEPELS 1999: 264). In den fünfziger Jahren herrschten Klassen- und Schichtenmodelle vor, welche die Gesellschaft in drei Gruppen einteilten: Ober-, Mittel- und Unterschicht. Die Zugehörigkeit zu diesen Schichten wurde als von Bildung, Beruf und Einkommen abhängig angesehen – im Vordergrund standen also demographische Variablen (Vgl. MÜLLER-SCHNEIDER

4

1994: 53). Nach damaliger Ansicht wurden Menschen in Klassen hineingeboren und konnten sie aufgrund gesellschaftlicher Normen und ökonomischen Mangel nicht verlassen, allenfalls nach unten (Vgl. DRIESEBERG 1995: 54). In den siebziger Jahren wurde Kritik an den Klassen- und Schichtmodellen laut, da die Auflösung der traditionellen Schichten zu beobachten war. Ursache dieser Erosion war sozialer Wandel: Die Menschen verfügten über mehr Geld, mehr freie Zeit, mehr und bessere Bildung sowie soziale Mobilität, das heißt der Wechsel zwischen sozialen Gruppen wurde immer einfacher. Hinzu kamen Veränderungen im gesellschaftlichen Wertesystem, die als Pluralisierung und Differenzierung bezeichnet werden können, sowie die Individualisierung des Lebenslaufes, wodurch kaum noch signifikante Gemeinsamkeiten zwischen den Lebensentwürfen der Menschen bestehen (Vgl. GEORG 1998: 18-36). Durch die Auflösung traditioneller Klassen setzte eine Diversifizierung und Individualisierung von Lebensstilen ein: Für breite Bevölkerungsteile nahmen Entscheidungsfreiheit und Wahloptionen zu, sowohl was Alltagspräferenzen angeht als auch biografische Abläufe und Wertorientierungen. Dies führt zu einer horizontalen Differenzierung – anstelle einer vertikalen (Vgl. ebd.: 49f). Lebensstile sind heute weitgehend individuell gestaltbar, und die Entscheidung für oder gegen eine Lebensstiloption ist von subjektiven Faktoren abhängig, aber auch von Zufall und externen Auslösern. Faktisch besteht also Wahlfreiheit, aber in der Realität treten nun neue Zwänge auf, die institutioneller Natur sind: Die Verfügbarkeit und Verteilung von gesellschaftlichen Positionen, von Dienstleistungen und staatlichen Leistungen entscheiden den Lebensstil maßgeblich mit (Vgl. DRIESEBERG 1995: 33, 59).

Die Klassen- und Schichtenmodelle waren mit Sicherheit nicht vollkommen falsch – eine so sehr auf materielle Werte und beruflichen Erfolg ausgerichtete Gesellschaft wie die moderne Industriegesellschaft muss eine vertikal gegliederte Sozialstruktur aufweisen. Aber: „Offenkundig hat aber die Sozialstrukturanalyse jener Zeit die ökonomischen, vertikalen und deterministischen Tendenzen stark vereinfacht und überzogen" (HRADIL 1992: 11). Die herkömmlichen, auf Klassen und Schichten basierenden Lebensführungsmodelle schienen vor allem der Praxis überholt, ihre Erklärungsleistung nicht mehr ausreichend. Die demographische Segmentierung wurde deshalb unter anderem durch psychologisch fundierte Variablen ergänzt, analog zur Demographie wurde der Begriff der Psychographie geprägt. Psychographie bedeutet die Klassifikation von Personen nach mentalen Eigenschaften und Persönlichkeitsdispositionen, nach Einstellungen, Interessen und Meinungen (Vgl. HARTMANN 1999: 49f). Da solche partialen Herangehensweisen für sich allein zu kurz greifen, weil sie niemals isoliert auf das individuelle Verhalten wirken, wurden Typologien entwickelt, die diese Segmentierungskriterien unter einem Dach zu vereinen versuchen und das Verhalten unter anderem von sozio-demographischen, psychologischen und normativen Faktoren abhängig machen: Die Lebensstilansätze. (Vgl. PEPELS 1999: 275).

Mittlerweile gibt es einige bekannte Segmentierungsmodelle, welche die Bedeutung des Lebensstils für das Marketing aufgreifen, beispielsweise der AIO-Ansatz, der VALS-Ansatz, die Socio-Styles und Euro-Styles sowie die Sinus-Milieus.

2.2 Lebensstil und Milieu

Als Folge der Kritik an den Klassen- und Schichtenmodellen, die vereinfacht ausgedrückt vor allem darauf abzielte, dass Beruf und Schichtzugehörigkeit die innere Haltung und das Verhalten bestimme, wurden von einigen Autoren Lebensstil- und Milieumodelle als Ergänzung zu den bisherigen Ansätzen vorgeschlagen (Vgl. GEORG 1998: 17). Eine Abgrenzung der Begriffe Lebensstil und Milieu erscheint an dieser Stelle sinnvoll, da diese häufig synonym verwendet werden, was nur bedingt richtig ist.

2.2.1 Lebensstil

Lebensstile sind „relativ stabile, ganzheitliche und routinisierte Muster der Organisation von expressiv-ästhetischen Wahlprozessen, mit den dimensionalen Bestandteilen der sozialen Lage, der individuellen und kollektiven Sinnstrukturen und der manifest-expressiven Stilisierungsebene" (GEORG 1998: 13). Oder anders: „Als Lebensstil bezeichnen wir eine Kombination typischer Verhaltensmuster einer Person oder Personengruppe (...) Der Lebensstil umfaßt: Muster des beobachtbaren Verhaltens und Muster von psychischen („inneren") Größen" (KROEBER-RIEL / WEINBERG 1999: 547). Lebensstile sind relativ stabil und bilden Alltagsroutinen zur Reduzierung der Komplexität der Lebensumwelt eines Individuums. Zudem sind sie für andere äußerlich wahrnehmbar, da sie sich in beobachtbares Verhalten auswirken, aber auch latente Dispositionen wie Einstellungen und Werthaltungen gehören zum Lebensstil. Der Begriff des Lebensstils zielt also auf das einzelne Individuum ab, auf die Handlungsausführung (Vgl. HRADIL 1992: 17f). Die beiden wesentlichen Funktionen des Lebensstils sind der

Ausdruck von Identität und Zugehörigkeit zu einer sozialen Gruppe einerseits, von Abgrenzung von anderen Personen oder Gruppen andererseits (Vgl. DRIESEBERG 1995: 8).

2.2.2 Milieu

Der Milieubegriff wird in der Forschungsliteratur zum Thema nicht einheitlich verwendet. Nach Sichtung der Beiträge ist festzuhalten, dass einige Autoren das Milieu als die Umweltbedingungen begreifen, welche die Menschen prägen, also dass „in der neueren sozialwissenschaftlichen Forschung unter ‚Milieus' Kontexte von oft heterogenen Umweltbedingungen verstanden werden (seien sie materieller oder immaterieller Art, natürlich oder gesellschaftlich entstanden, ökonomisch, politisch-administrativ oder sozio-kulturell einzuordnen), die von bestimmten Bevölkerungsgruppen auf bestimmte Weise wahrgenommen und genutzt werden, so daß sich bestimmte Lebensformen herausbilden" (HRADIL 1992: 17). Andere Autoren fassen als Milieu die Personengruppen auf, die von bestimmten Umweltbedingungen geprägt werden, beispielsweise Milieus als „soziale Gruppierungen, die auf der Basis ähnlicher sozialer Lagemerkmale durch je spezifische Alltagspraktiken und Mentalitäten, Selbst- und Fremdbilder charakterisiert sind und sich durch diese wechselseitig voneinander abgrenzen. Jedes konkrete Milieu bildet spezifische Alltagskulturen als Ausdruck ähnlicher individueller Fähigkeiten und Handlungsstrategien einerseits und vorhandener Lebensbedingungen andererseits aus" (SEGERT / ZIERKE 1997: 31).

Sämtliche Definitionen zu sichten und auf ihren Inhalt hin zu untersuchen, würde den Rahmen dieser Arbeit sprengen. Festgehalten werden soll an dieser Stelle, dass das Milieu ein ambivalentes Konstrukt ist, das sowohl Umweltbedingungen umfasst, welche die Menschen prägen, als auch die Menschen selbst, die ihrerseits auch aktiv Einfluss auf ihre Umgebung nehmen. Diese Deutung entspricht dem alltäglichen Sprachgebrauchs des Begriffs.

Wichtig ist: Während Lebensstile vor allem Muster individuellen Handelns darstellen, bezieht sich der Begriff des Milieus auf die allgemeinen sozialen, kulturellen und ökonomischen Lebensbedingungen sowie die in ihnen lebenden Menschen und ihre Lebensführungskonzepte (Vgl. ZERGER 2000: 79). Aus Lebensstilen, also individuellen Verhaltensmustern, können aber durch soziale Interaktionsprozesse überindividuelle

7

Muster gleichartiger Lebensführung, also Milieus werden, so dass man Milieus auch als bezüglich Lebensstil und Mentalität sehr homogene Personengruppen bezeichnen könnte (Vgl. KONIETZKA 1995: 116). Welcher Art diese Interaktionsprozesse sind, wird später noch genauer beschrieben werden. Dabei ist zu beachten, dass ein Milieu nicht Personen mit gleicher Umwelt umfasst, sondern Personen mit gleichem Verhältnis zur oder Verständnis der Umwelt (Vgl. HRADIL 1992: 17).

2.3 Determinanten des Lebensstils – unterschiedliche Positionen

Wie ein Lebensstil entsteht, dazu gibt es eine Reihe von unterschiedlichen Ansätzen, von denen einige oben bereits exemplarisch aufgelistet wurden. Die unterschiedlichen Autoren lassen sich dabei in zwei grobe Richtungen einteilen: Zum einen Autoren wie zum Beispiel BOURDIEU, welche die Auffassung vertreten, dass Lebensstile durch strukturelle, also eher äußere Faktoren, geprägt werden und nicht frei und bewusst gestaltbar sind. Das Individuum wird durch seinen sozialen Kontext geprägt, und dieser bestimmt auch den Lebensstil. Damit ist der Lebensstil ebenso strukturelle Determinante und Begrenzung für menschliches Handeln wie beispielsweise Klassenzugehörigkeit oder Einkommen (Vgl. HARTMANN 1999: 42).

Die andere Position vertreten Autoren wie beispielsweise LÜDTKE, nach deren Ansicht Lebensstile frei und bewusst gewählt werden, unabhängig von strukturellen Gegebenheiten, und die das Element der Expressivität von Lebensstilen betonen. Lebensstile basieren auf den subjektiv-kognitiven Verhaltensstrukturen der Individuen, also auf Art und Umfang gemachter Erfahrungen und individuellen Erwartungen (Vgl. DRIESEBERG 1995: 121).

Die beiden Strömungen unterscheiden sich in einer Reihe von Dimensionen, die beiden wichtigsten Fragen, durch deren Beantwortung sich die beiden Richtungen differenzieren, sind allerdings: Sind Lebensstile bewusst, kennt also das Individuum die Regeln, die sein Handeln leiten? Und: Werden Lebensstile gewählt, werden sie durch Wahl gestaltet? (Vgl. HARTMANN 1999: 44f).

Letzten Endes nehmen aber beide Auffassungen Extrempositionen ein, die die Realität überzeichnet darstellen. Weder den äußeren, strukturellen Gegebenheiten kann alleiniger Einfluss auf den Lebensstil eines Individuums zugeschrieben werden, noch den inneren, subjektiven. Realistisch scheint die Annahme, dass beide Faktorengruppen nicht unerheblichen Einfluss auf den individuellen Lebensstil ausüben: „Lebensstil als Ergebnis der Verfolgung privater Präferenzen ... in Wechselwirkung mit einem gegebenen Kontext von Ressourcen und Opprtunitäten (...) Trivialerweise wächst daher auch der Spielraum der Lebensstilgestaltung mit der Höhe der Soziallage bzw. mit der Ausstattung mit ökonomischen und kulturellen Ressourcen" (LÜDTKE 1992: 37).

3. Entstehung von Lebensstilen

Die in Kapitel 2.2.1 vorgestellte Lebensstildefinition nach KROEBER-RIEL / WEINBERG macht deutlich, dass innere Einstellungen und nach außen sichtbare Verhaltensweisen wichtige Komponenten des Lebensstil sind. Der Ansatzpunkt für die Erklärung der Entstehung von Lebensstilen ist also die Erklärung der Entstehung von Verhalten und Einstellungen. Einstellungen sind, wie später noch zu sehen sein wird, Bedingungsfaktoren des Verhaltens, so dass letztendlich verkürzt postuliert werden kann, dass zum Verständnis der Entstehung von Lebensstilen ein Verständnis der Ursachen und Antriebskräfte menschlichen Verhaltens nötig ist.

Im Folgenden sind vor allem drei Fragen zu klären:

1.) Wodurch wird das Verhalten des Individuums bestimmt?

2.) Wie werden bestimmte Verhaltensmuster zu einem Lebensstil?

3.) Warum haben Menschen, die sich nicht kennen und sich nie begegnet sind, den gleichen Lebensstil?

Zur Klärung dieser Fragen müssen Ansätze und Theorien aus den unterschiedlichsten wissenschaftlichen Fachgebieten herangezogen werden, da die Erklärung menschlichen Verhaltens von einer Disziplin allein nicht geleistet werden kann (Vgl. KAUPP 1999: 125). Für diese Arbeit sollen Ansätze aus der (Marketing-) Psychologie, die sich mit den individuellen Aspekten des Verhaltens befasst, und der Soziologie, welche die sozialen Einflüsse auf das Verhalten studiert, herangezogen werden.

3.1 Individuelles Verhalten

1963 veröffentlichte LEWIN, Begründer der Feldtheorie, die Formel $V = f(P,U)$ – das Verhalten als eine Funktion von Persönlichkeit P und Umwelt U. Laut der Feldtheorie beruht das menschliche Verhalten auf einer Gesamtkonstellation von interdependenten psychischen Einflussgrößen und Umweltdeterminanten. Dabei ist zu beachten, dass P und U jeweils für eine Reihe von inneren und äußeren Faktoren stehen und dass Umweltkräfte nur dann verhaltenswirksam werden, wenn sie vom Individuum wahrgenommen und somit in psychische Größen transformiert werden (Vgl. KROEBER-RIEL / WEINBERG 1999: 413, 648f).

Die LEWIN'sche Formel liefert zur Erklärung menschlichen Verhaltens einen brauchbaren Ansatz: Das individuelle menschliche Verhalten ist abhängig von Faktoren der Persönlichkeit und der Umwelt. Beide Bereiche sollen nun genauer betrachtet werden.

3.1.1 Psychische Verhaltensdeterminanten

Die inneren oder psychischen Vorgänge lassen sich in aktivierende und kognitive Prozesse unterscheiden:

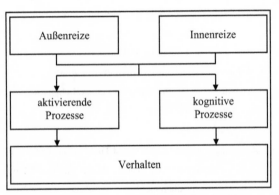

Abb. 1: Das Gesamtsystem der psychischen Verhaltensdeterminanten.
Quelle: KROEBER-RIEL / WEINBERG 1999: 50.

Aktivierende Prozesse sind mit inneren Erregungen und Spannungen verbunden und treiben das Verhalten an, sie äußern sich auch durch physische Signale wie beispielsweise Herzrasen oder Gänsehaut. Kognitive Vorgänge dienen der Aufnahme, Verarbeitung und Speicherung von Informationen (Vgl. NIESCHLAG / DICHTL / HÖRSCHGEN 1994: 164). Beide Arten von Prozessen können durch innere oder äußere Reize ausgelöst werden, zum Beispiel ist das Anbieten zweier Produkte durch einen Verkäufer ein Außenreiz, der einen Beurteilungsprozess auslöst. Zu den aktivierenden Prozessen zählen Emotionen,

Motivationen und Einstellungen, zu den kognitiven Informationsaufnahme, Informationsverarbeitung und Informationsspeicherung. Auf diese Begriffe und ihre Auswirkungen auf das individuelle Verhalten soll im Weiteren eingegangen werden.

Aktivierende Prozesse

Aktivierung kann rein körperlich erfolgen, in dem bestimmte Nerven durch innere oder äußere Impulse angeregt werden – Aktivierung ist also die Reaktions- und Leistungsbereitschaft des Organismus, ein allgemeiner Erregungszustand, der über physiologische Größen gemessen werden kann. Sie dient als Motor menschlichen Verhaltens (Vgl. FELSER 1999: 31f).

Am Beginn steht ein innerer oder äußerer Reiz, der am Ende ein Verhaltensmuster bewirkt. Dazwischen liegen die als intervenierende Variablen die aktivierenden Prozesse Emotion, Motivation und / oder Einstellung. Als Emotion werden innere Erregungsvorgänge bezeichnet, die als angenehm oder unangenehm empfunden und mehr oder weniger bewusst erlebt werden. Unter Motivation versteht die Konsumentenforschung Emotionen, die mit einer Zielorientierung für das Verhalten verbunden sind. Und schließlich ist die Einstellung eine Motivation, die mit einer (kognitiven) Gegenstandsbeurteilung verknüpft ist, also eine Haltung oder Prädisposition gegenüber einem Objekt. Die drei Begriffe bauen also aufeinander auf, wobei Emotionen nach innen auf das eigene Erleben gerichtet sind, Motivationen auf eine Handlung und Einstellungen auf Objekte (Vgl. KROEBER-RIEL / WEINBERG 1999: 53ff).

Ein Beispiel soll diesen Sachverhalt verdeutlichen: Der Anblick eines ansprechenden Kinoplakates wird angenehm erlebt (Emotion), löst den Wunsch aus, ins Kino zu gehen (Motivation), und es entsteht eine positive Einschätzung des Films und der Schauspieler (Einstellung).

Die Reihe dieser Konstrukte könnte mit dem Begriff des Verhaltens fortgesetzt werden: Emotion, Motivation und Einstellung enden schließlich in einem bestimmten Verhaltensmuster. Im genannten Beispiel wäre dies ein Kinobesuch. Aktivierende Prozesse bestimmen also das menschliche Verhalten.

Kognitive Prozesse

Kognitive Prozesse sind gedankliche, rationale Prozesse, mit deren Hilfe das Individuum Kenntnis von seiner Umwelt sowie von sich selbst erhält und es sein Verhalten kontrollieren und willentlich steuern kann (Vgl. ebd.: 224).

Die kognitiven Prozesse im Menschen werden derzeit in Analogie zu in der Informatik gebräuchlichen Begriffen als Informationswahrnehmung, Informationsverarbeitung und Informationsspeicherung bezeichnet. Informationsaufnahme bezeichnet die auf einen internen oder externen Reiz folgende bewusste oder unbewusste Aufnahme von Informationen in das Kurzzeitgedächtnis, wobei das Individuum zunächst auf seinen internen Informationsvorrat, also auf bereits vorhandene Informationen und Erfahrungen, zurückgreift, und dann, wenn dies nicht ausreicht, auch externe Informationen heranzieht. Informationsverarbeitung bedeutet die Ordnung, Verknüpfung und Bewertung der aufgenommenen Informationen vor dem Hintergrund der im Langzeitgedächtnis vorhandenen Erfahrungen, Kenntnisse, Prädispositionen etc. Unter Informationsspeicherung wird die Sammlung von Informationen im Langzeitspeicher verstanden, eng damit verbunden ist der Begriff des Lernens, wobei Lernen als dauerhafte Veränderung der Wahrscheinlichkeit zu verstehen ist, mit der einzelne Reaktionen in Reizsituationen auftreten (Vgl. NIESCHLAG / DICHTL / HÖRSCHGEN 1994: 172ff). Auch die kognitiven Prozesse beeinflussen das Verhalten des Individuums, denn durch die Aufnahme, Verarbeitung und Speicherung von Informationen lernt das Individuum und ist der Lage, Handlungsmöglichkeiten abzurufen und zu bewerten.

Die kognitiven und aktivierenden Prozesse stehen in einem Wechselspiel miteinander, es gibt keine aktivierenden Prozesse ohne kognitive Komponenten und umgekehrt. Die folgende Abbildung soll die Ergebnisse dieses Abschnittes und die Wirkung der psychischen Verhaltensdeterminanten auf das individuelle Verhalten zusammenfassen. Zudem wird die Verbindung zum Konzept des Lebensstils aufgezeigt: Aus individuellem Verhalten (und Einstellungen, die hier im Begriff des Verhaltens aufgehen) entsteht der Lebensstil des Individuums.

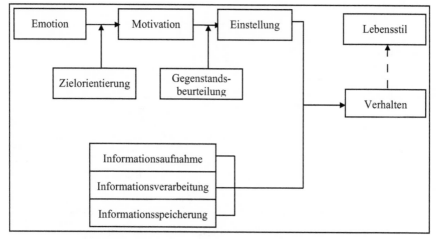

Abb. 2: Übersicht über die psychischen Verhaltensdeterminanten. Eigene Darstellung.

3.1.2 Umweltdeterminanten des Verhaltens

Zu Erinnerung sei noch einmal die LEWIN'sche Formel V= f(P,U) genannt. Im
vorhergehenden Abschnitt wurden die persönlichen Faktoren P vorgestellt, die das
individuelle Verhalten V mitbestimmen. Nun geht es um die Umweltfaktoren U, die
ebenfalls einen großen Einfluss auf das menschliche Verhalten ausüben.

In den 70er Jahren kam die Umweltpsychologie auf. Diese Richtung der Psychologie
basiert auf der Erkenntnis, dass Mensch und Umwelt in einer dynamischen
Wechselbeziehung miteinander stehen. Als unabhängige Variable nimmt die Umwelt eines
Menschen Einfluss auf sein Verhalten, als abhängige Variable wird sie wiederum durch
das Verhalten des Menschen beeinflusst und gestaltet (Vgl. KROEBER-RIEL /
WEINBERG 1999: 413f). Als einfachstes Beispiel seien die ökologischen Probleme der
heutigen Zeit genannt: Der Mensch schädigt die Umwelt (Umwelt als abhängige Variable),
und diese geschädigte Umwelt ist die Ursache für gesundheitliche Beeinträchtigungen
beim Menschen (Umwelt als unabhängige Variable).

Diese Einsicht hinsichtlich der Wechselbeziehung zwischen Mensch und Umwelt ist auch
in der Lebensstilforschung zu berücksichtigen: Wenn die Umwelt eines Individuums sein
Verhalten prägt, so ist auch anzunehmen, dass sie seinen Lebensstil in hohem Maße
mitbestimmt.

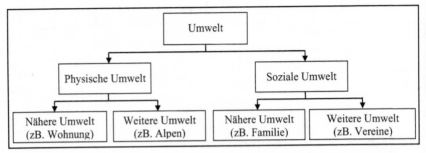

Abb. 3: Das System der Umweltvariablen. Darstellung nach KROEBER-RIEL / WEINBERG 1999: 409ff.

Als Umwelt lässt sich alles bezeichnen, was sich im Wahrnehmungsbereich der menschlichen Sinne befindet. Dabei lässt sich zwischen physischer und sozialer Umwelt unterscheiden: Die physische Umwelt ist die natürliche Umwelt eines Menschen, beispielsweise die Landschaft, in der er lebt, sowie die von ihm geschaffene, beispielsweise Gebäude. Zur sozialen Umwelt zählen die Menschen, ihre Interaktionen mit anderen Menschen und der physischen Umwelt sowie die der menschlichen Interaktion dienenden Organisationen und Werte. Auch Tiere, vor allem Haustiere, lassen sich der sozialen Umwelt zurechnen. Physische und soziale Umwelt lassen sich nun wieder unterscheiden in nähere und weitere Umwelt, je nachdem, ob ein Individuum einen häufigen, persönlichen Kontakt mit einem Umweltelement hat oder eher einen eher selten, distanzierten (Vgl. KAUPP 1999: 125). Diese immer feiner werdende Einteilung ließe sich fortsetzen, indem man eine weitere Unterscheidung nach direkt erfahrener und medial erlebter Umwelt einführt, aber dies erscheint für den Zweck dieser Arbeit unnötig und ist außerdem durch die Unterteilung nähere und weitere Umwelt bereits angedeutet.

Physische Umwelt

Die physische Umwelt eines Individuums beeinflusst das individuelle Verhalten auf zwei verschiedene Arten: Erstens wirkt sie aufgrund ihrer physischen Reizattribute, also durch Farbe, Beleuchtung, Geruch etc., und zweitens durch ihre symbolische Bedeutung. Beispielsweise zieht ein roter Porsche zum einen aufgrund seiner leuchtenden Signalfarbe und zum anderen aufgrund der Prestigeträchtigkeit seiner Marke die Aufmerksamkeit der Menschen auf sich. Wie ein Individuum auf solche physischen Umweltelemente reagiert, ist meistens erlernt, allerdings spielt auch Vererbung eine Rolle. Entscheidend ist jedoch stets die subjektive Wahrnehmung, weshalb die Persönlichkeit eines Menschen bei der Untersuchung seines Reaktionsverhaltens nicht vernachlässigt werden darf.

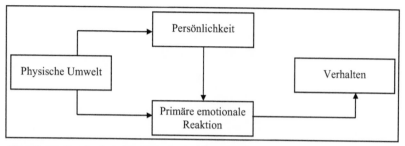

Abb. 4: Der Einfluss der physischen Umwelt auf das individuelle Verhalten. Eigene Darstellung nach KROEBER-RIEL / WEINBERG 1999: 418.

Soziale Umwelt

Die nähere soziale Umwelt umfasst die Personen und Gruppen, mit denen der Konsument in regelmäßigem, persönlichen Kontakt steht, beispielsweise Freunde, Vereinsmitglieder und Kollegen. Von besonderer Bedeutung ist in diesem Zusammenhang die Familie. Erstens ist der Kontakt zwischen dem Individuum und Angehörigen seiner Familie intensiver als der zu Außenstehenden. Zweitens werden innerhalb der Familie oftmals gemeinsame Entscheidungen getroffen, die dann das individuelle Verhalten beeinflussen, besonders im Konsumbereich. Und drittens spielt die Familie eine wesentliche Rolle bei der Sozialisation des Individuums, indem sie Einflüsse aus dem weiteren sozialen Umfeld aufnimmt und dann an die Familienmitglieder, besonders an die jüngeren, weitergibt (Vgl. KROEBER-RIEL / WEINBERG 1999: 429f). Neben der Familie besteht die nähere soziale Umwelt des Individuums noch aus weiteren verschiedenen Gruppen. Unter einer Gruppe ist eine überschaubare Anzahl von Personen zu verstehen, zwischen denen Interaktionen bestehen und die sich durch ein Zusammengehörigkeitsgefühl auszeichnen (Vgl. KAUPP 1999: 130). Wesentlich ist hier der Begriff der Bezugsgruppe, als solche werden Gruppen bezeichnet, nach denen sich das Individuum richtet. Bezugsgruppen setzen Maßstäbe, anhand derer das Individuum sich selbst und seine Umwelt beurteilt, und sie geben Verhaltensnormen vor. Um unter dem Einfluss einer Bezugsgruppe, der bis hin zu sozialem Druck reichen kann, zu stehen, muss das Individuum nicht Mitglied dieser Gruppe sein, auch Fremdgruppen, bei denen keine Mitgliedschaft besteht, können diese Wirkung haben (Vgl. KROEBER-RIEL / WEINBERG 1999: 435).

In der näheren sozialen Umgebung des Individuums findet direkte oder persönliche Kommunikation statt. Sie kann mündlich oder schriftlich, aber auch non-verbal erfolgen, beispielsweise durch Mimik oder Gestik (Vgl. KROEBER-RIEL / WEINBERG 1999: 431).

Zur weiteren sozialen Umwelt des Individuums zählen alle Personen und Gruppen, zu denen keine regelmäßigen persönlichen Beziehungen bestehen. Kommunikation geschieht vor allem über Massenmedien, ist also indirekte, medial vermittelte Kommunikation. Die Einflüsse der weiteren sozialen Umwelt auf das individuelle Verhalten sind schwer zu erfassen, auch deswegen, weil ihre Wirkung dem Individuum oftmals nicht bewusst ist (Vgl. ebd.: 430). Zur weiteren sozialen Umwelt gehören Organisationen wie Firmen, Gewerkschaften, Parteien etc. und auch Einzelpersonen wie Politiker, Schauspieler etc., aber auch Kultur und Subkulturen sind hierzu zu zählen. Unter dem Begriff Kultur versteht man „explizite und implizite Denk- und Verhaltensmuster, die durch Symbole erworben und weitergegeben werden und eine spezifische abgrenzbare Errungenschaft menschlicher Gruppen bilden. (…) können einerseits als das Ergebnis von Handlungen, andererseits als bedingende Elemente für weitere zukünftige Handlungen betrachtet werden" (KROEBER / KLUCKHOHN 1952, zitiert nach ebd.: 541). Der Begriff der Subkultur entspricht dem der Kultur, aber während die Kultur den Vergleich zwischen Gesellschaften bestimmt, dient die Subkultur der Analyse von Gruppierungen innerhalb einer Gesellschaft. Normen aus Kultur und Subkultur sind die wichtigsten sozialen Verhaltensdeterminanten und werden durch Sozialisation vermittelt, durch direkte Erfahrungen und durch Medienkonsum erkennt das Individuum, welche Verhaltensweisen in seinem kulturellen Umfeld akzeptiert, gefordert oder untersagt sind. So nehmen Kultur und Subkultur Einfluss auf das emotionale, kognitive und beobachtbare Verhalten, und dieses findet wiederum Ausdruck im Lebensstil des Individuums (Vgl. ebd.: 541ff).

Zusammenfassend ist somit festzuhalten, dass wesentliche Größen aus der sozialen Umwelt, die auf das individuelle Verhalten wirken, Familie und Kultur sind. Beide wirken vor allem durch Sozialisation, ein Prozess, durch den dem Individuum vor allem in der Kindheit Normen und Verhaltensweisen vermittelt werden (Vgl. BIERHOFF 2000: 337). Die Verhaltenseinflüsse aus der sozialen Umwelt werden vor allem durch Kommunikation ausgeübt. Hier könnte die Kommunikationswissenschaft ansetzen, einen Beitrag zur Erklärung von Lebensstilen zu leisten, denn Kommunikation findet in unterschiedlichen Formen und Ausmaßen statt und je nachdem dürfte sie den Einfluss der sozialen Umweltdeterminanten auf das individuelle Verhalten mitbestimmen.

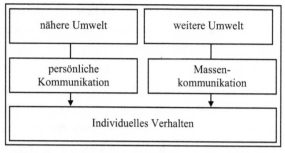

Abb. 5: Die Umweltdeterminanten des Verhaltens. Eigene Darstellung.

3.2 Lebensstilbildung auf der Ebene des Individuums

Nachdem im vorherigen Abschnitt ausführlich die Determinanten des individuellen Verhaltens vorgestellt wurden, soll nun der Frage nachgegangen werden, wie bestimmte Verhaltensweisen zu einem Bestandteil des individuellen Lebensstils werden. Es gibt eine ganze Reihe von Autoren, welche Entstehung und Funktion des Lebensstils zu erklären versuchen, bekannte Namen sind beispielsweise BOURDIEU, SOBEL oder SCHULZE. Im Rahmen dieser Arbeit wird vor allem auf die Arbeiten von Hartmut LÜDTKE eingegangen, der als erster deutscher Autor versucht hat, die empirische Lebensstilforschung theoretisch zu fundieren (Vgl. HARTMANN 1999: 108). LÜDTKE sieht vier Bereiche, welche Einfluss auf die Ausbildung des individuellen Lebensstil nehmen: psychische, also subjektive Größen, die individuelle Ressourcenausstattung, die soziale Umwelt sowie der individuelle Lebenslauf.

In der Tradition der Rational-Choice-Theorie sieht LÜDTKE (1989) den Menschen als rational handelndes Wesen, dessen Hauptziel die Optimierung seines persönlichen Nutzens ist und das im Hinblick darauf in der Lage ist, verschiedene Ziele und Mittel zu beurteilen und sich für das jeweils günstigste zu entscheiden. Im Kontext von Handlungsalternativen und Restriktionen handeln Menschen also sinnvoll, wobei sie diesen Kontext auf Basis ihrer Erfahrungen ständig neu bewerten. In einer gegebenen Situation, in der das Individuum die Wahl zwischen mehreren Handlungsalternativen hat, entscheidet es sich für diejenige, von der es sich den größten Nutzen hinsichtlich seiner Präferenzordnung hat – mit anderen Worten, es entscheidet sich für diejenige, die ihm am besten liegt. Solche Handlungsalternativen lassen sich als Lebensstilelemente begreifen. Diese Elemente

17

verfestigen sich und werden dominant, wenn sie sich hinsichtlich ihres Nutzens für die Identitätsfindung oder die Bedürfnisbefriedigung bewährt haben und / oder wenn in sie bereits viele Ressourcen (Zeit, Geld …) investiert wurden. Durch solche Wahlhandlungen, Bewährung von Alternativen und bereits getätigte Investitionen entstehen Präferenzen und habitualisiert sich für ein Individuum letztlich ein bestimmter Lebensstil. Dieser erspart die Alternativensuche und dient als Alltagsroutine (Vgl. LÜDTKE 1989: 54ff).

Der Mensch ist bei der Wahl der Handlungsalternativen und der Lebensstilelemente jedoch nicht völlig frei: Eine wesentliche Rolle spielen die Ressourcen, die ihm zur Verfügung stehen und die als Restriktionen der Entscheidungssituation betrachtet werden können. LÜDTKE greift die Hypothesen BOURDIEU's über den Zusammenhang zwischen Kapital und den Charakteristiken von Lebensstilen auf. Dabei spricht er jedoch von verfügbaren Ressourcen anstelle von Kapital, und unterscheidet drei anstatt zwei Ressourcenarten: ökonomische, kulturelle und soziale (Vgl. HARTMANN 1999: 109). Auf der Makroebene wird postuliert, dass Lebensstile erst dann entstehen können, wenn Menschen in der Lage sind, die verschiedenen Arten von Ressourcen nach ihren Präferenzen zu verwenden, wenn sie also ihre Lebensweise bewusst gestalten können. Dies trifft heute für einen großen Teil der Bevölkerung moderner Gesellschaften zu. Auf der Mikroebene stellt Lüdtke eine Reihe von Aussagen auf, welche die Ressourcenausstattung eines Individuums mit der Ausformung seines Lebensstils in Verbindung bringen, beispielsweise ist bei umfangreichen sozialen Ressourcen ein Lebensstil in Richtung Gemeinschaft und Mobilität wahrscheinlich (Vgl. LÜDTKE 1989: 53f, 57f). Im Rahmen dieser Arbeit kann auf eine detaillierte Vorstellung aller sieben Hypothesen zum Einfluss der individuellen Ressourcen auf den Lebensstil verzichtet werden.

Somit sieht LÜDTKE zwei die Wahlhandlung steuernden Kategorien: Zum einen die ungleiche Verteilung lebensstilrelevanter Ressourcen, zum anderen subjektive Elemente wie Kognitionen, Präferenzen und Bedürfnisse (Vgl. GEORG 1998: 76). Hier wir noch einmal die Verbindung zu den im vorhergehenden Abschnitt vorgestellten Determinanten des individuellen Verhaltens und damit zur (Marketing-) Psychologie deutlich, und zudem die Tatsache, dass strukturelle Gegebenheiten noch immer eine Rolle bezüglich der Lebensstilbildung spielen.

In der modernen Zeit hat die Zahl der gesellschaftlichen Orientierungsangebote drastisch zugenommen, das Individuum richtet sich nicht mehr (nur) nach traditionellen Normgebern wie beispielsweise Klassen. Die Folgen sind zum einen die Pluralisierung der Lebensstile, zum anderen die Zunahme der Bereitschaft, sich mit anderen zu vergleichen und Ähnlichkeiten oder Distanzen zu bestimmten Lebensstilen zu schaffen. Menschen streben nach sozial bewährter persönlicher Identität, das heißt, nach mindestens einem Gleichgewicht von sozialer Distinktion gegenüber anderen und sozialer Affinität zu einer bevorzugten Gruppe. Dieses Gleichgewicht kommt auf zwei Wegen zustande: Erstens nutzt das Individuum typische Elemente seines Lebensstils, um Distinktion oder Affiliation zu anderen zu signalisieren. Solche äußeren Ausprägungen des Lebensstils unterliegen sozialer Bewertung und es kommt zu positiven und negativen sozialen Sanktionen. Zweitens hat das Individuum das Bedürfnis, seine Einstellungen und Verhaltensweisen zu beurteilen. Fehlen objektive Vergleichmaßstäbe, werden Meinungen und Verhalten Anderer herangezogen, doch je unähnlicher Meinungen und Verhalten sind, desto geringer wird die Vergleichstendenz. Der Druck, den eigenen Lebensstil zu verändern, nimmt dabei zu, je dominanter das Lebensstilelement ist, bei dem Diskrepanzen zu den bevorzugten Vergleichssubjekten bestehen, und je attraktiver diese Bezugssubjekte dem Individuum erscheinen (Vgl. LÜDTKE 1989: 60ff).

Die Entwicklung des individuellen Lebensstils hängt stark zusammen mit dem individuellen Lebenslauf – das bedeutet, Veränderungen beim Lebensstil treten nicht beliebig auf, sondern finden zu bestimmten Zeitpunkten im Leben des Individuums statt. Für LÜDTKE kann ein Individuum erst dann einen Lebensstil ausbilden, wenn es die Phase der Postadoleszenz abgeschlossen hat, wenn es also ökonomisch selbstständig ist, einen eigenen Haushalt hat und so weiter. Das Lebensalter kann dabei bei unterschiedlichen Berufsgruppen unterschiedlich sein, beispielsweise beginnt für einen Auszubildenden die Phase der Lebensstilformierung bereits mit zwanzig Jahren, während sie für einen promovierten Akademiker vielleicht erst mit dreißig beginnt. Kindern und Jugendlichen ist somit kein eigener Lebensstil zuzuschreiben, sondern eher von den Bezugspersonen, vor allem den Eltern, übernommene Verhaltens- und Denkmuster (Vgl. LÜDTKE 1989: 63). Lebensstile sind träge, das heißt, die Wahrscheinlichkeit einer grundlegenden Veränderung eines Lebensstils sinkt, je höher der Grad seiner Kristallisation und Verfeinerung ist, je höher also die Kosten einer Veränderung. Zu den Kosten einer Lebensstiländerung gehören der Verlust der bereits investierten Ressourcen, der Aufwand zur Herausbildung neuer Alltagsroutinen und die bei Verletzung der Erwartungen aus der Umwelt zu erwartenden Sanktionen (Vgl. HARTMANN 1999: 111f). Daher sind Krisen, Brüche oder partielle Veränderungen bei einem individuellen Lebensstil nur dann wahrscheinlich, wenn in der Biografie des Individuums bestimmte Ereignisse auftreten, zum Beispiel Veränderungen in der privaten, öffentlichen und / oder beruflichen Rollenkonfiguration, kollektive Katastrophen oder Krisen und ein Wechsel des äußeren Lebenskontextes (Vgl. LÜDTKE 1989: 65f).

3.3 Mikro-Makro-Verknüpfung

Bisher wurde dargestellt, wie sich individuelle Lebensstile bilden: Dazu wurden die Determinanten menschlichen Verhaltens näher betrachtet und anschließend dargelegt, wie aus bestimmten Verhaltensweisen habitualisierte Alltagsroutinen werden. Nun soll anhand des Ansatzes von LÜDTKE erläutert werden, wie ähnlich Lebensstile bei unterschiedlichen Individuen entstehen, wie es also dazu kommt, dass Menschen, die sich nicht kennen und auch nie gesehen haben, den gleichen Lebensstil ausleben.

LÜDTKE erklärt dies durch soziale Distinktion, Schließung und Segregation – diese Prozesse stellen die Verknüpfung zwischen der Mikroebene des Individuums und der Makroebene der gesellschaftlichen Gruppen dar.

Auf der Ebene des Individuums finden Prozesse der Distinktion als Ausdruck sozialer Distanz zu anderen statt, dies entspricht auf kollektiver Ebene der Schließung einer sozialen Beziehung. Nach Max WEBER ist eine soziale Beziehung dann nach außen geschlossen, wenn Sinngehalt und geltende Ordnung die Teilnahme ausschließen, sie beschränken oder sie von Bedingungen abhängig machen. Ziele Schließung einer Beziehung sind beispielsweise der Erhalt ihrer Qualität und ihres Prestiges. Die Schließung einer sozialen Beziehung bedeutet für Bewerber begrenzte Zugangs- und Mobilitätschancen, da die Mitglieder der sozialen Beziehung, der sie zugehörig sein möchten, darüber entscheiden, ob sie die Grenzen für einzelne öffnen oder nicht (Vgl. WEBER 1964, nach LÜDTKE 1989: 69).

Die Schließung eines Lebensstils entsteht durch das Zusammenspiel von zwei Mechanismen: Erstens dem Wunsch beteiligter Individuen nach Abgrenzung von anderen und nach Ausdruck sozialer Ähnlichkeiten untereinander – im vorangehenden Abschnitt als Distinktion und Affiliation erläutert. Zweitens durch selektive Interaktion und die Bevorzugung von Ähnlichem: Das Individuum interagiert verstärkt mit anderen, die ihm ähnlich sind, und reduziert der Umgang mit solchen, die ihm fremd erscheinen (Vgl. GEORG 1998: 78). So kommt es zu wachsender Lebensstilähnlichkeit und immer engeren Beziehungen zwischen den Beteiligten, beispielsweise zwischen Lebenspartnern, in der Familie, zwischen Freunden oder Kollegen. Es läuft also ein Verdichtungs- und

Aggregierungsprozess ab. An seinem Ende steht die soziale Segregation, die Herausbildung von gesellschaftlichen Gruppen mit gleichartigen Lebensstilen und von Subkulturen. Aus den Lebensstilen auf der Mikroebene werden Milieus auf der Meso- und Makroebene (Vgl. ZERGER 2000: 79f). Die entstehende gesellschaftliche Struktur ist dabei abhängig von Faktoren wie Bodenpreis, Lage von Siedlungen etc. Segregation zeigt sich darin, dass eine räumliche Distanz zwischen unterschiedlichen, in sich sozial relativ homogenen Bewohnergruppen besteht oder dass sich an einem Standort ähnliche Bewohner überdurchschnittlich häufen (Vgl. LÜDTKE 1989: 70ff).

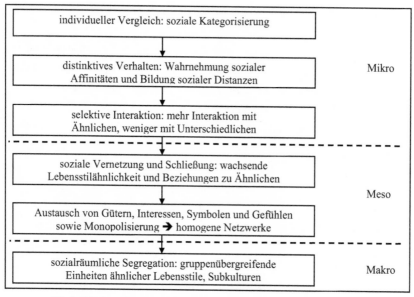

Abb. 6: Ablauf sozialer Segregation. Eigene Darstellung nach LÜDTKE 1989: 69ff.

4. Schlussbemerkungen

In der vorliegenden Arbeit wurde der Versuch unternommen, die Entwicklung und Veränderung von Lebensstilen gewissermaßen „begleitend" darzulegen: Beginnend auf der Ebene des Individuums mit seinen subjektiven Präferenzen und endend auf der gesellschaftlichen Ebene, auf der Subkulturen und Milieus als Lebensstile großer sozialer Einheiten zu verorten sind. Dieser Versuch kann und soll nicht vollständig sein.

Vor allem die disziplinenübergreifende Natur des Konzeptes Lebensstil wurde deutlich. Rein soziologische Ansätze reichen nicht aus, um die Entstehung des Lebensstils adäquat zu beschreiben. Es sind psychologische und soziologische Ansätze von Nöten, und an einigen Stellen haben sich auch Querverbindungen zu Kommunikationswissenschaft (beispielsweise Art der Einflussnahme der Umweltdeterminanten des Verhaltens) und Betriebswirtschaftslehre aufgetan (beispielsweise die Verfestigung der Lebensstilelemente aufgrund bereits getätigter Investitionen, ein in den Wirtschaftswissenschaften als „sunk costs" behandeltes Konzept). Zwei Fragen bleiben: Ist ein umfassendes Lebensstilmodell, das alle Determinanten des Lebensstils beinhaltet, zu leisten? Und würde ein solch komplexes Modell die praktische Anwendung von Lebensstilmodellen nicht unmöglich machen?

Klar wurde auch, dass die traditionellen Klassen- und Schichtansätze und die modernen Lebensstilkonzepte nicht isoliert voneinander gesehen werden dürfen. Äußere Faktoren sind für die Entwicklung eines Lebensstils von erheblicher Bedeutung, aber nicht von alleiniger – falls sie das jemals waren. Jedoch kann niemand bestreiten, dass beispielsweise gerade die Ausstattung mit ökonomischen Ressourcen den Lebensstil eines Individuums entscheidend mitbestimmt. Umgekehrt würde gerade in der modernen Zeit niemand leugnen, dass den Menschen eine Vielzahl von möglichen Lebensstilvarianten zur freien Wahl steht – allein die Entscheidung für oder gegen bestimmte Produkte führt zu einer Unzahl von Lebensstilausprägungen, und neben dem Konsumbereich stehen noch eine Reihe weiterer Lebensbereiche, in denen Lebensstile verwirklicht werden können. Deterministische und voluntaristische Ansätze zur Erklärung des Lebensstils ergänzen somit einander, denn beide Faktorenkomplexe, innere wie äußere Größen, wirken miteinander auf das Verhalten und schließlich den Lebensstil des Individuums.

Gerade in dieser Tatsache, der Vielzahl von Einflussfaktoren, liegt die Komplexität des Konzeptes Lebensstil begründet, und gerade darum erschien es lohnend und spannend, sich im Rahmen dieser Arbeit eingehend mit seinen Determinanten zu beschäftigen, auch wenn aufgrund des kleinen Rahmens nur eine Auswahl an Ansätzen vorgestellt werden konnte.

5. Literatur

Bierhoff, Hans-Werner (2000): Sozialpsychologie: Ein Lehrbuch. 5. Auflage. Stuttgart, Berlin, Köln: Kohlhammer.

Drieseberg, Thomas J. (1995): Lebensstil-Forschung: Theoretische Grundlagen und praktische Anwendungen. Heidelberg: Physica-Verlag.

Felser, Georg (1999): Determinanten der Verhaltenssteuerung. In: Pepels, Werner (Hrsg.): Examenswissen Marketing. Bd. 1: Käuferverhalten. Köln: Fortis-Verlag.

Georg, Werner (1998): Soziale Lage und Lebensstil. Eine Typologie. Opladen: Leske + Budrich.

Hartmann, Peter H. (1999): Lebensstilforschung: Darstellung, Kritik und Weiterentwicklung. Opladen: Leske + Budrich.

Hradil, Stefan (1992): Soziale Milieus und ihre empirische Untersuchung. In: Glatzer, Wolfgang (Hrsg.): Entwicklungstendenzen in der Sozialstruktur. Frankfurt, New York: Campus Verlag.

Kaupp, Peter (1999): Nähere soziale Umwelt. In: Pepels, Werner (Hrsg.): Examenswissen Marketing. Bd. 1: Käuferverhalten. Köln: Fortis-Verlag.

Konietzka, Dirk (1995): Lebensstile im sozialstrukturellen Kontext: ein theoretischer und empirischer Beitrag zur Analyse soziokultureller Ungleichheiten. Opladen: Westdeutscher Verlag.

Kroeber-Riel, Werner / Weinberg, Peter (1999): Konsumentenverhalten. 7. Auflage. München: Vahlen.

Lüdtke, Hartmut (1989): Expressive Ungleichheit: Zur Soziologie der Lebensstile. Opladen: Leske + Budrich.

Lüdtke, Hartmut (1992): Der Wandel von Lebensstilen. In: Glatzer, Wolfgang (Hrsg.): Entwicklungstendenzen in der Sozialstruktur. Frankfurt, New York: Campus Verlag.

Meinhold, Roman von (2001): Konsum – Lifestyle – Selbstverwirklichung: Konsummotive Jugendlicher und nachhaltige Bildung. Weingarten: Pädagogische Hochschule.

Müller-Schneider, Thomas (1994): Schichten und Erlebnismilieus: Der Wandel der Milieustruktur in der Bundesrepublik Deutschland. Wiesbaden: Deutscher Universitätsverlag.

Nieschlag, Robert / Dichtl, Erwin / Hörschgen, Hans (1994): Marketing. 17. Auflage. Berlin: Duncker und Humblot.

Pepels, Werner (1999): Marktsegmentierung. In: Pepels, Werner (Hrsg.): Examenswissen Marketing. Bd. 1: Käuferverhalten. Köln: Fortis-Verlag.

Segert, Astrid / Zierke, Irene (1997): Sozialstruktur und Milieuerfahrungen. Opladen: Westdeutscher Verlag.

Zerger, Frithjof (2000): Klassen, Milieus und Individualisierung. Eine empirische Untersuchung zum Umbruch der Sozialstruktur. Reihe: Campus Forschung, Band 811.